Impressum
Verlag: BABADADA GmbH, Nedderfeld 112 , 22529 Hamburg
Geschäftsführer / Verlagsleitung: Harald Hof
Druck: Books on Demand GmbH, In de Tarpen 42, 22848 Norderstedt

Imprint
Publisher: BABADADA GmbH, Nedderfeld 112 , 22529 Hamburg, Germany
Managing Director / Publishing direction: Harald Hof
Print: Books on Demand GmbH, In de Tarpen 42, 22848 Norderstedt, Germany

xue xiao

школа

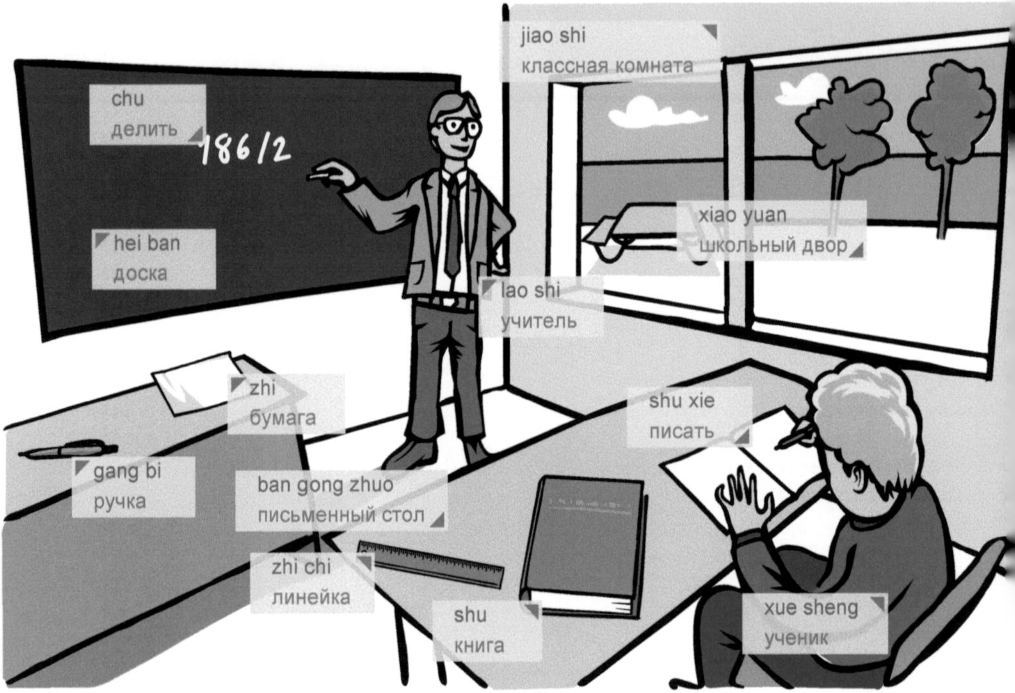
jiao shi
классная комната
chu
делить
186/2
hei ban
доска
xiao yuan
школьный двор
lao shi
учитель
zhi
бумага
shu xie
писать
gang bi
ручка
ban gong zhuo
письменный стол
zhi chi
линейка
shu
книга
xue sheng
ученик

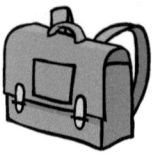

shu bao

ранец

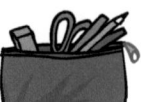

qian bi he

пенал

qian bi

карандаш

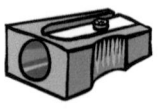

juan bi dao

точилка

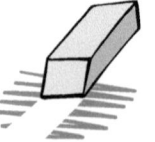

xiang pi ca

ластик

hua ban

альбом для рисования

tu hua

рисунок

hua bi

кисточка

yan liao he

коробка красок

jian dao

ножницы

jiao shui

клей

lian xi ce

тетрадь

jia ting zuo ye

домашняя работа

shu zi

цифра

jia

прибавлять

jian

вычитать

cheng

умножать

ji suan

считать

zi mu

буква

zi mu biao

алфавит

zi

слово

ke wen

текст

du

читать

fen bi

мел

shang ke

урок

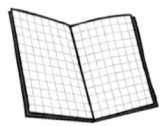

deng ji

классный журнал

kao shi

экзамен

zheng shu

диплом

xiao fu

школьная форма

jiao yu

образование

bai ke quan shu

энциклопедия

da xue

университет

xian wei jing

микроскоп

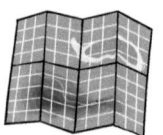

di tu

карта

fei zhi kuang

корзина для бумаг

xue xiao - школа

lü xing

путешествие

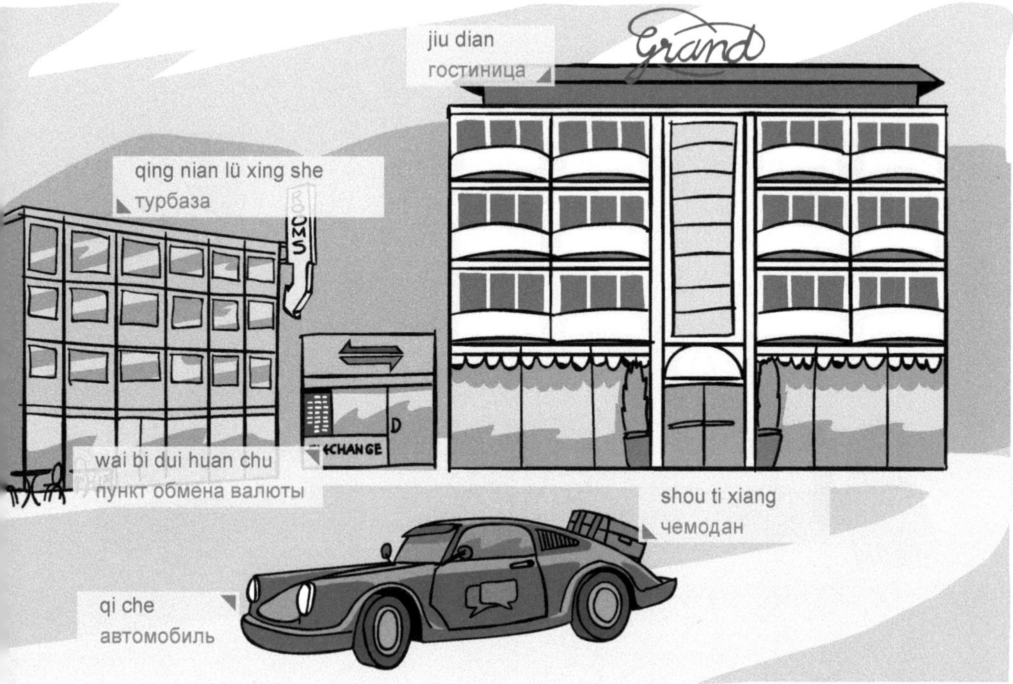

jiu dian
гостиница
Grand
qing nian lü xing she
турбаза
ROOMS
wai bi dui huan chu
пункт обмена валюты
shou ti xiang
чемодан
qi che
автомобиль

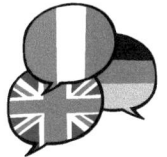

yu yan

язык

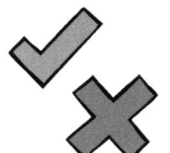

shi/fou

да / нет

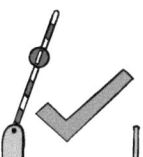

hao de

хорошо

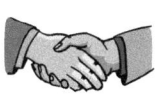

nin hao

Привет

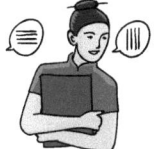

fan yi yuan

переводчик

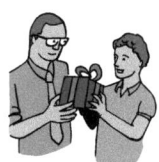

xie xie

Спасибо

......duo shao qian?

Сколько стоит...?

wo bu ming bai

Я не понимаю

wen ti

проблема

wan shang hao!

Добрый вечер!

zao shang hao!

Доброе утро!

wan an!

Доброй ночи!

zai jian

До свидания

fang xiang

направление

xing li

багаж

bao

сумка

shuang jian bao

рюкзак

ke ren

гость

fang jian

комната

shui dai

спальный мешок

zhang peng

палатка

lü xing - путешествие

lü you xin xi

туристическая
информация

hai tan

пляж

xin yong ka

кредитная карточка

zao can

завтрак

wu can

обед

wan can

ужин

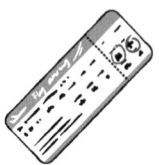

piao

билет

dian ti

лифт

you piao

почтовая марка

bian jie

граница

hai guan

таможня

da shi guan

посольство

qian zheng

виза

hu zhao

паспорт

jiao tong yun shu

транспорт

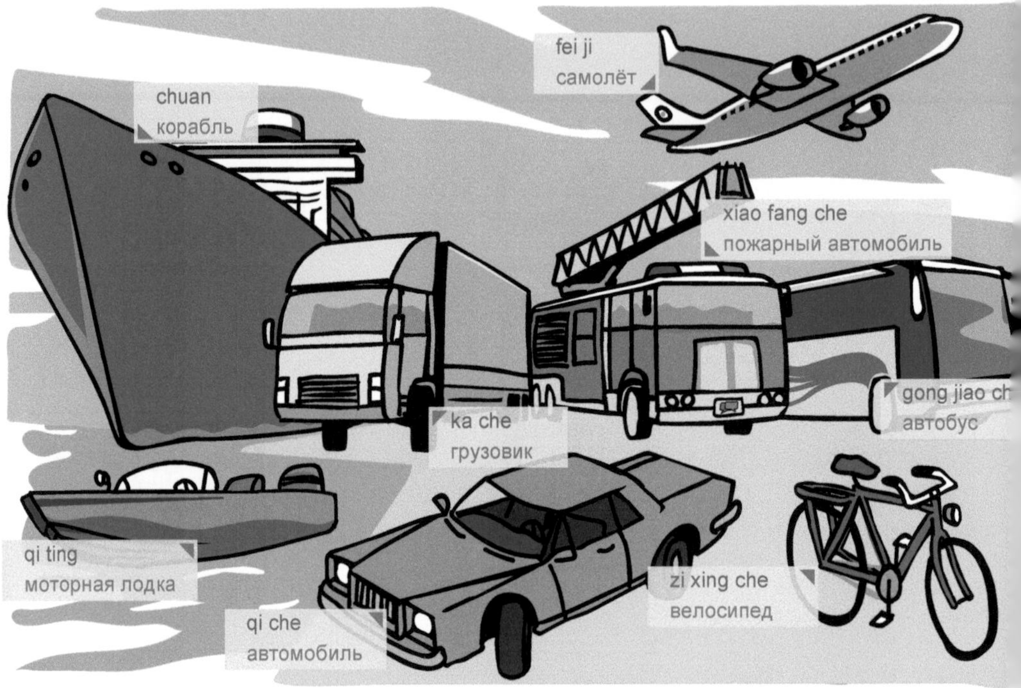

fei ji
самолёт
chuan
корабль
xiao fang che
пожарный автомобиль
gong jiao ch
автобус
ka che
грузовик
qi ting
моторная лодка
zi xing che
велосипед
qi che
автомобиль

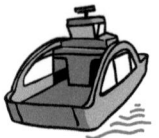

bai du chuan

паром

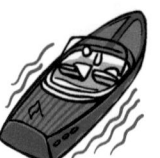

xiao chuan

лодка

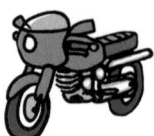

mo tuo che

мотоцикл

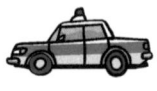

jing che

полицейский автомобиль

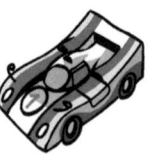

sai che

гоночный автомобиль

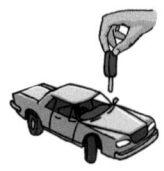

zu che

арендованный автомобиль

pin che
....
совместное пользование
автомобилями

tuo che
....
буксировочный
автомобиль

la ji che
....
мусоровоз

fa dong ji
....
двигатель

qi you
....
топливо

jia you zhan
....
заправка

jiao tong biao zhi
....
дорожный знак

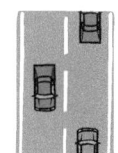

jiao tong
....
движение

jiao tong du sai
....
пробка

ting che chang
....
автостоянка

huo che zhan
....
вокзал

gui dao
....
рельсы

huo che
....
поезд

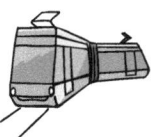

dian che
....
трамвай

huo che
....
вагон

zhi sheng ji

вертолёт

ji chang

аэропорт

ta

вышка

cheng ke

пассажир

ji zhuang xiang

контейнер

zhi ban xiang

коробка

shou tui che

тележка

lan zi

корзина

qi fei/jiang luo

взлетать / приземляться

cheng shi

город

cun zhuang

деревня

shi zhong xin

центр города

fang zi

дом

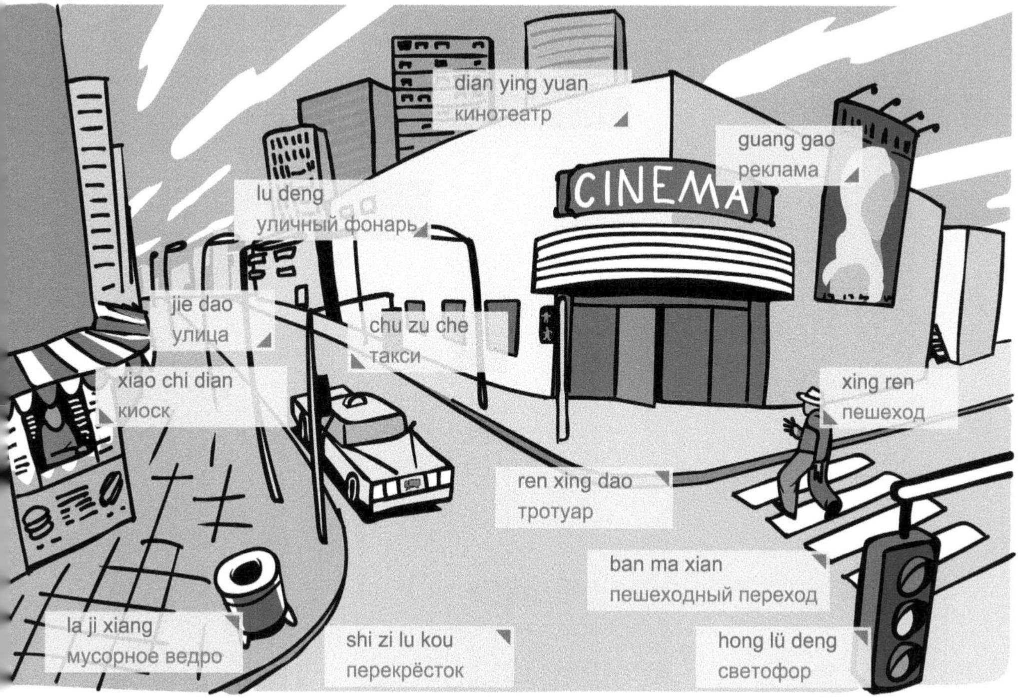

dian ying yuan
кинотеатр

guang gao
реклама

lu deng
уличный фонарь

CINEMA

jie dao
улица

chu zu che
такси

xiao chi dian
киоск

xing ren
пешеход

ren xing dao
тротуар

ban ma xian
пешеходный переход

la ji xiang
мусорное ведро

shi zi lu kou
перекрёсток

hong lü deng
светофор

xiao wu

хижина

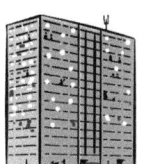

gong yu

квартира

huo che zhan

вокзал

shi zheng ting

ратуша

bo wu guan

музей

xue xiao

школа

da xue

университет

yin hang

банк

yi yuan

больница

jiu dian

гостиница

yao fang

аптека

ban gong shi

офис

shu dian

книжный магазин

shang dian

магазин

hua dian

цветочный магазин

chao shi

супермаркет

shi chang

рынок

bai huo shang dian

универмаг

yu dian

торговец рыбой

gou wu zhong xin

торговый центр

hai gang

порт

cheng shi - город

gong yuan

парк

chang deng

скамейка

qiao

мост

lou ti

лестница

di tie

метро

sui dao

тоннель

gong jiao che zhan

автобусная остановка

jiu ba

бар

can guan

ресторан

you tong

почтовый ящик

lu biao

табличка с названием
улицы

ting che ji shi qi

паркометр

dong wu yuan

зоопарк

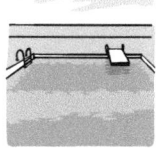

you yong guan

бассейн

qing zhen si

мечеть

nong chang

ферма

wu ran

загрязнение окружающей среды

mu di

кладбище

jiao tang

церковь

cao chang

детская площадка

si miao

храм

di xing

ландшафт

shu ye
лист

zhi shi pai
дорожный указатель

lu
дорога

cao di
луг

shi tou
камень

shu
дерево

tu bu lü xing zhe
путешественник

he
река

cao
трава

hua
цветок

xia gu

долина

shan

гора

hu

озеро

sen lin

лес

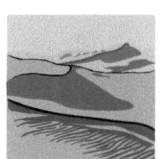

sha mo

пустыня

huo shan

вулкан

cheng bao

замок

cai hong

радуга

mo gu

гриб

zong lü shu

пальма

wen zi

комар

cang ying

муха

ma yi

муравей

mi feng

пчела

zhi zhu

паук

jia chong

жук

qing wa

лягушка

song shu

белка

ci wei

еж

ye tu

заяц

mao tou ying

сова

niao

птица

tian e

лебедь

ye zhu

кабан

lu

олень

mi lu

лось

shui ba

плотина

feng li fa dian ji

ветряной генератор

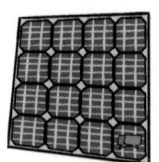

tai yang neng dian chi ban

солнечная батарея

qi hou

климат

can guan
ресторан

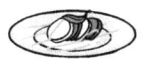

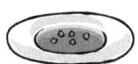

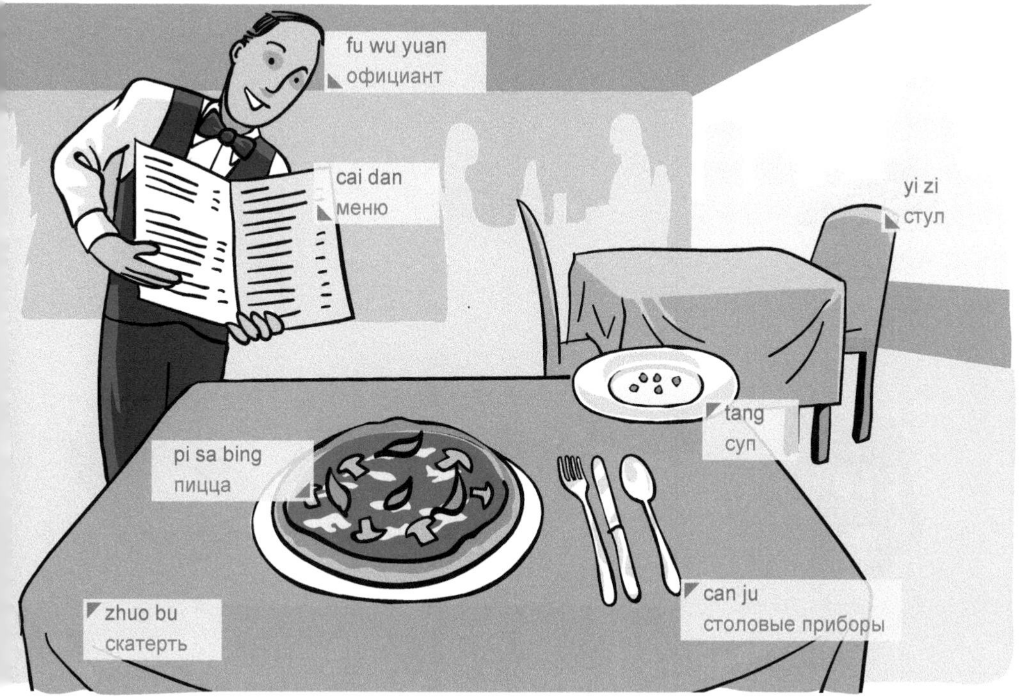
fu wu yuan
официант
cai dan
меню
yi zi
стул
tang
суп
pi sa bing
пицца
zhuo bu
скатерть
can ju
столовые приборы

qian cai

закуска

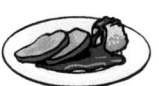

zhu cai

главное блюдо

tian dian

десерт

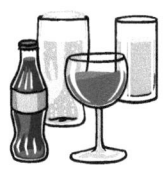

yin liao

напитки

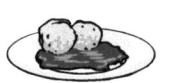

shi wu

еда

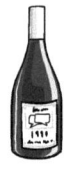

ping zi

бутылка

kuai can

фастфуд

jie bian xiao chi

уличная еда

cha hu

чайник

tang he

сахарница

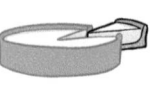

yi fen fan cai

порция

yi shi ka fei ji

кофеварка

gao jiao yi

детский стульчик

zhang dan

счет

tuo pan

поднос

dao

нож

can cha

вилка

shao zi

ложка

cha chi

чайная ложка

can jin

салфетка

bo li bei

стакан

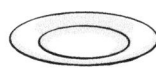

die zi

тарелка

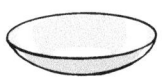

tang pan

суповая тарелка

die zi

блюдце

jiang

соус

yan ping

солонка

hu jiao mo

мельница для перца

cu

уксус

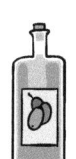

shi yong you

масло

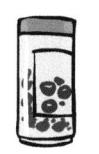

tiao wei liao

специи

fan qie jiang

кетчуп

jie mo

горчица

dan huang jiang

майонез

chao shi

супермаркет

te jia
специальное предложение
FOR
gu ke
покупатель
ru zhi pin
молочные продукты
shui guo
фрукты
gou wu che
тележка для покупок

BUTCHERS

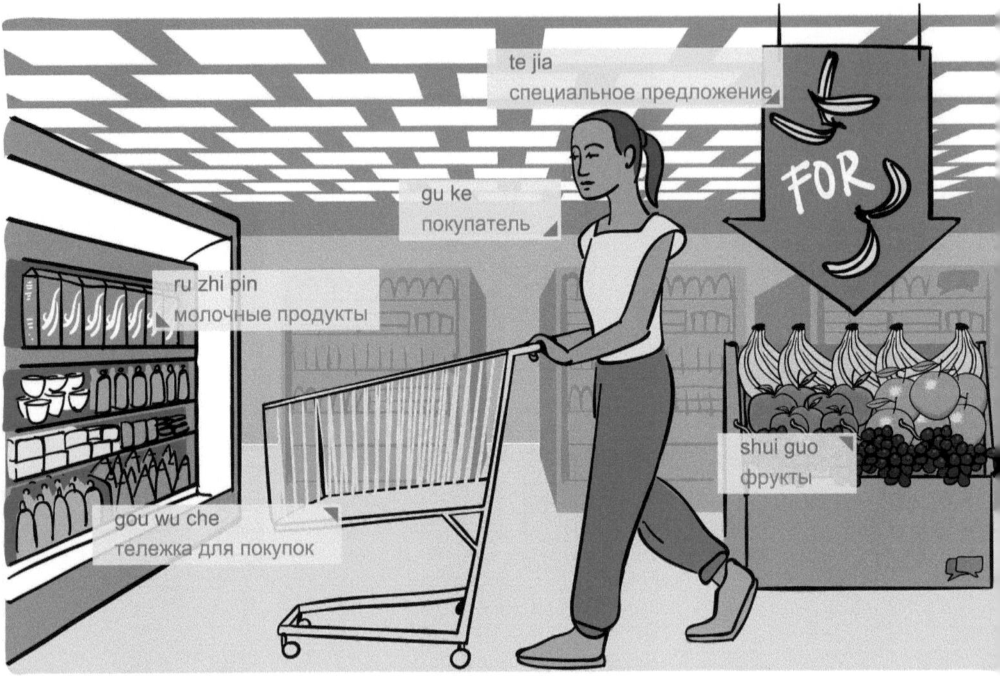

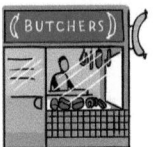

rou pu

мясной магазин

BAKERY

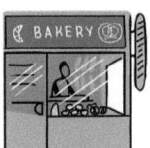

mian bao fang

пекарня

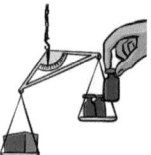

cheng zhong

взвешивать

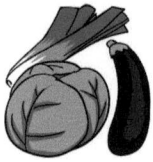

shu cai

овощи

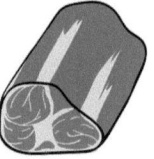

rou

мясо

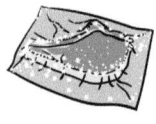

leng dong shi pin

быстрозамороженные продукты

leng pan

нарезка

guan tou shi pin

консервы

xi yi fen

стиральный порошок

tian shi

сладости

ri yong pin

предмет домашнего обихода

qing jie yong pin

моющее средство

xiao shou yuan

продавщица

shou yin ji

касса

shou yin yuan

кассир

gou wu qing dan

список покупок

kai fang shi jian

время работы

qian bao

бумажник

xin yong ka

кредитная карточка

dai zi

сумка

su liao dai

полиэтиленовый пакет

shui

вода

guo zhi

сок

niu nai

молоко

ke le

кока-кола

hong jiu

вино

pi jiu

пиво

jiu

алкоголь

ke ke

какао

cha

чай

ka fei

кофе

yi shi nong suo ka fei

эспрессо

ka bu qi nuo

капучино

xiang jiao

банан

ping guo

яблоко

cheng zi

апельсин

xi gua

арбуз

ning meng

лимон

hu luo bo

морковь

da suan

чеснок

zhu zi

бамбук

yang cong

лук

mo gu

гриб

jian guo

орехи

mian tiao

лапша

yi da li mian tiao

спагетти

mi fan

рис

sha la

салат

shu tiao

картофель фри

zha tu dou

жареный картофель

pi sa bing

пицца

han bao bao

гамбургер

san ming zhi

сэндвич

zha zhu pai

шницель

huo tui

ветчина

sa la mi

салями

xiang chang

колбаса

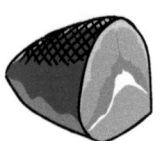

ji rou

курица

kao rou

жаркое

yu

рыба

yan mai pian

овсяные хлопья

mu zi li

мюсли

yu mi pian

кукурузные хлопья

mian fen

мука

yang jiao mian bao

круассан

mian bao juan

булочка

mian bao

хлеб

kao mian bao

тост

bing gan

печенье

huang you

масло

ning ru

творог

dan gao

пирог

dan

яйцо

jian dan

яичница

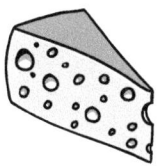

nai lao

сыр

bing ji lin

мороженое

tang

сахар

feng mi

мёд

guo jiang

мармелад

qiao ke li jiang

крем с нугой

ga li fan

карри

nong chang
ферма

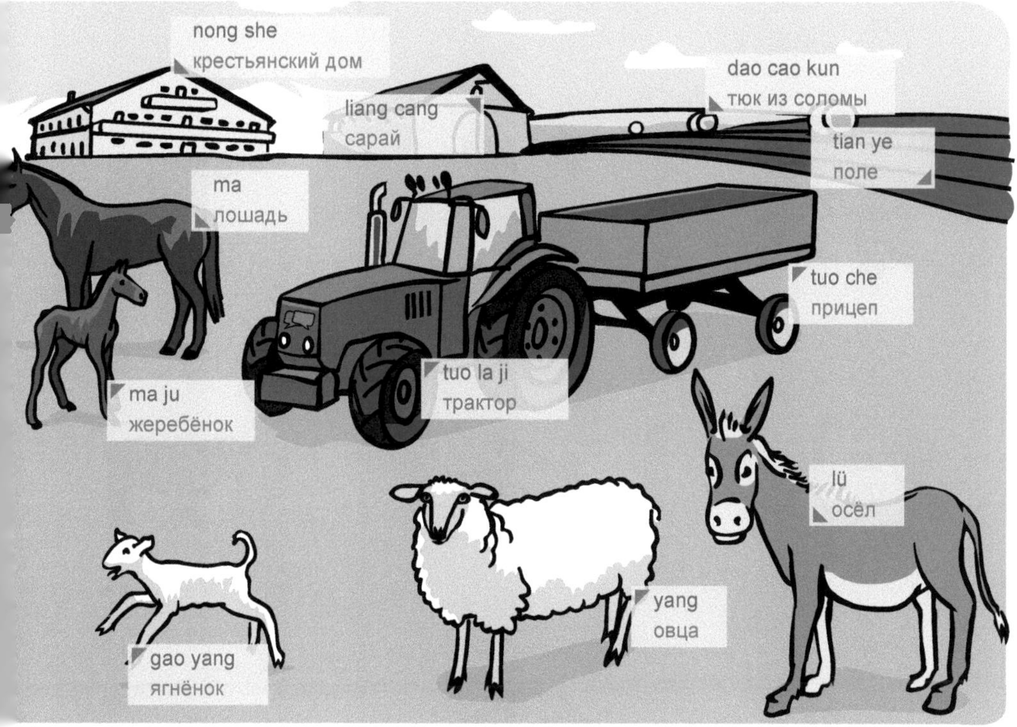

nong she
крестьянский дом
liang cang
сарай
dao cao kun
тюк из соломы
tian ye
поле
ma
лошадь
tuo che
прицеп
tuo la ji
трактор
ma ju
жеребёнок
lü
осёл
yang
овца
gao yang
ягнёнок

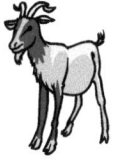

shan yang
....
коза

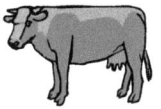

nai niu
....
корова

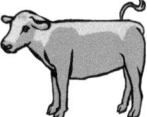

niu du
....
телёнок

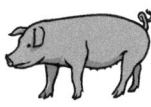

zhu
....
свинья

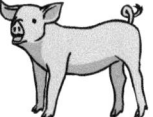

xiao zhu
....
поросёнок

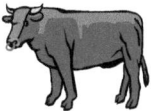

gong niu
....
бык

e
....
гусь

ya
....
утка

xiao ji
....
цыплёнок

mu ji
....
курица

gong ji
....
петух

shu
....
крыса

mao
....
кошка

lao shu
....
мышь

niu
....
вол

gou
....
собака

gou wu
....
конура

hua yuan jiao shui ruan
guan
....
садовый шланг

sa shui hu
....
лейка

chang bing da lian dao
....
коса

li
....
плуг

lian dao

серп

chu tou

мотыга

chang bing cao pa

навозные вилы

fu tou

топор

du lun shou tui che

тачка

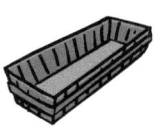

si liao cao

корыто

niu nai guan

бидон для молока

ma bu dai

мешок

zha lan

забор

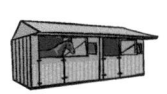

ma jiu

хлев

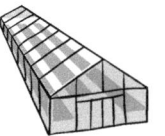

wen shi

теплица

tu rang

почва

zhong zi

посев

fei liao

удобрение

lian he shou ge ji

комбайн

shou ge

собирать урожай

shou ge

урожай

shan yao

ямс

xiao mai

пшеница

da dou

соя

tu dou

картофель

yu mi

кукуруза

you cai zi

рапс

guo shu

фруктовое дерево

shu shu

маниок

gu wu

злаки

fang zi

дом

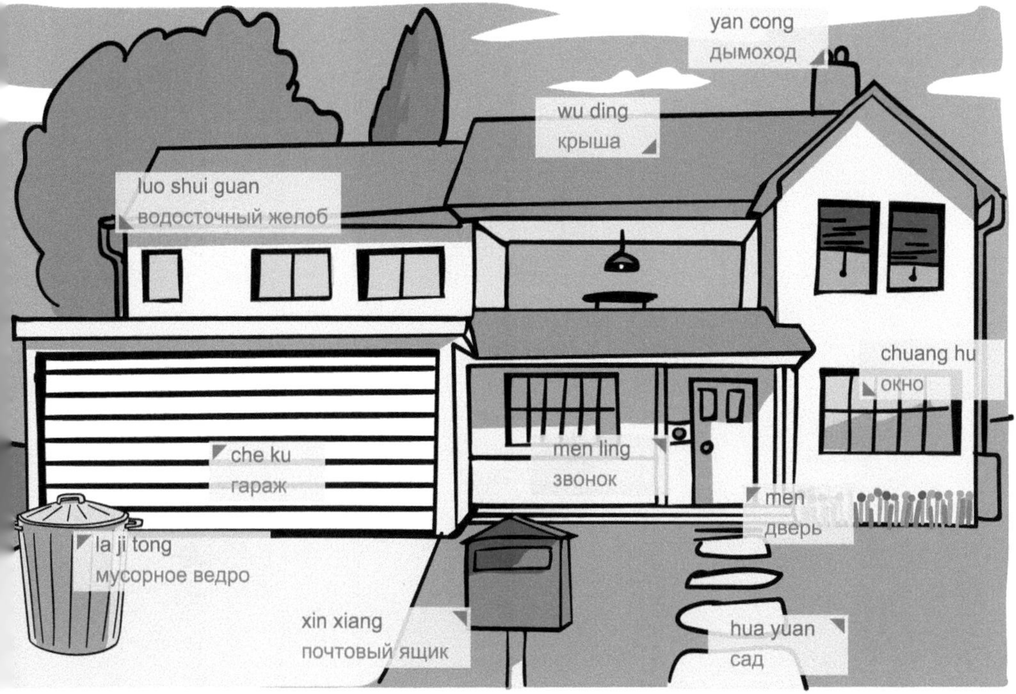
yan cong
дымоход
wu ding
крыша
luo shui guan
водосточный желоб
chuang hu
окно
che ku
гараж
men ling
звонок
men
дверь
la ji tong
мусорное ведро
xin xiang
почтовый ящик
hua yuan
сад

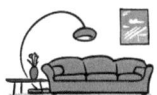

ke ting

гостиная

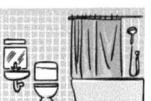

yu shi

ванная комната

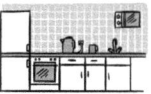

chu fang

кухня

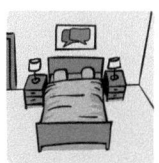

wo shi

спальня

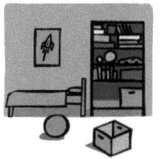

er tong fang

детская комната

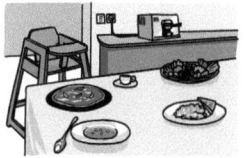

can ting

столовая

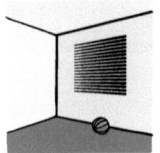

di ban

пол

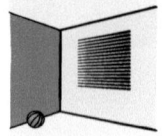

qiang bi

стена

diao ding

потолок

di jiao

подвал

sang na

сауна

yang tai

балкон

lu tai

терраса

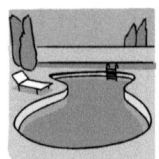

you yong chi

бассейн

ge cao ji

газонокосилка

bei dan

пододеяльник

chuang zhao

покрывало

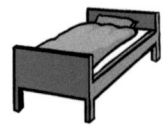

chuang

кровать

sao zhou

метла

shui tong

ведро

kai guan

выключатель

ke ting

гостиная

bi zhi
обои
zhao pian
рисунок
tai deng
лампа
ge jia
полка
chu gui
шкаф
dian shi ji
телевизор
bi lu
камин
hua
цветок
dian zi
подушка
sha fa
диван
hua ping
ваза
yao kong qi
пульт дистанционного управления

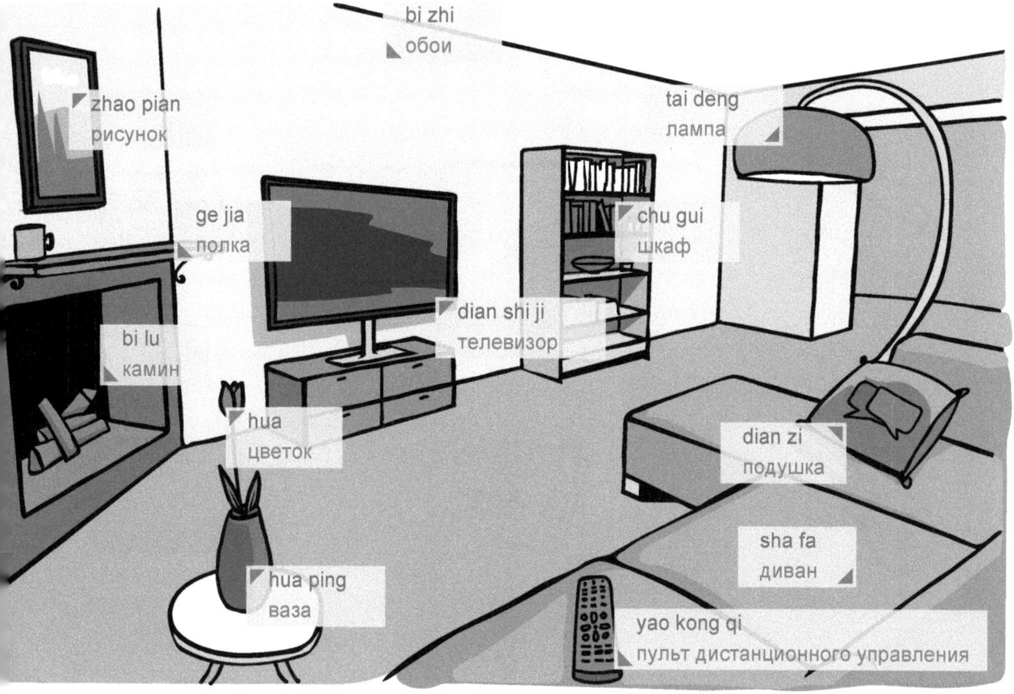

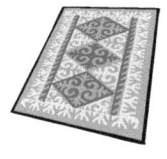

di tan

ковёр

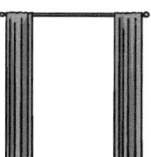

chuang lian

штора

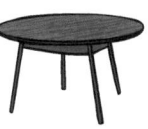

can zhuo

стол

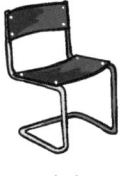

yi zi

стул

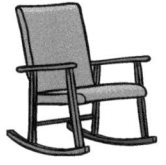

yao yi

кресло-качалка

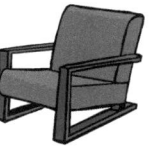

fu shou yi

кресло

shu

книга

tan zi

покрывало

zhuang shi pin

украшение

mu chai

дрова

dian ying

фильм

gao bao zhen yin xiang

стереосистема

yao shi

ключ

bao zhi

газета

you hua

картина

hai bao

плакат

shou yin ji

радио

bi ji ben

блокнот

xi chen qi

пылесос

xian ren zhang

кактус

la zhu

свеча

chu fang
кухня

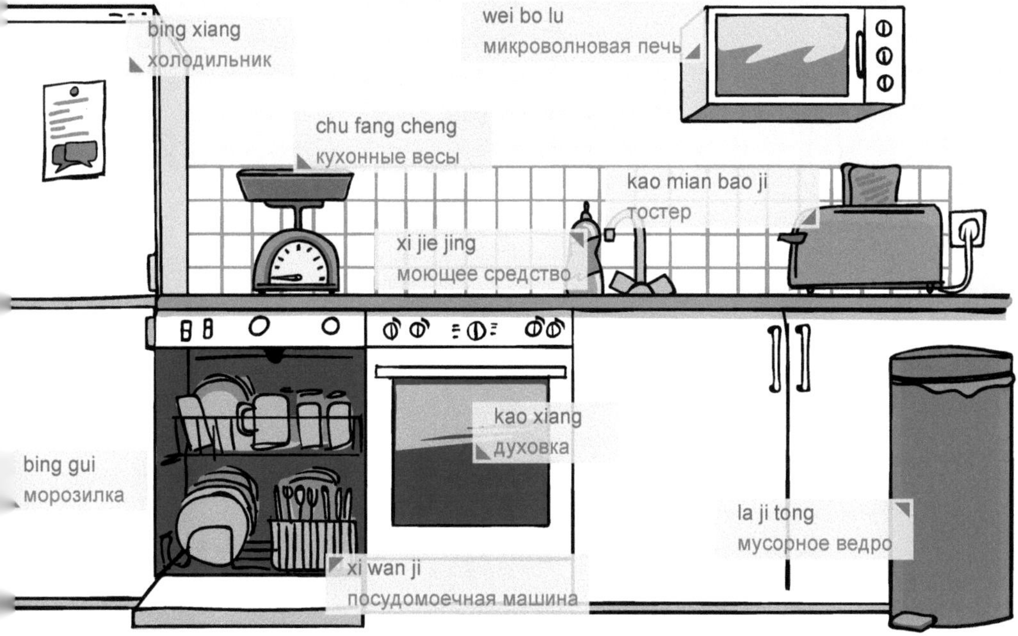

bing xiang
холодильник
wei bo lu
микроволновая печь
chu fang cheng
кухонные весы
kao mian bao ji
тостер
xi jie jing
моющее средство
kao xiang
духовка
bing gui
морозилка
la ji tong
мусорное ведро
xi wan ji
посудомоечная машина

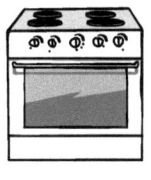

chui ju
плита

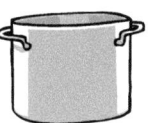

guo
кастрюля

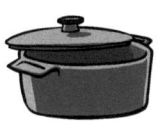

zhu tie guo
чугунный котелок

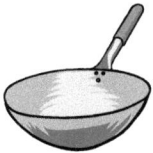

sha guo
вок / кадай

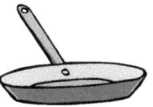

ping di guo
сковорода

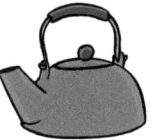

shui hu
чайник

zheng guo

пароварка

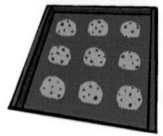

kao pan

противень

tao ci guo

посуда

ma ke bei

кружка

wan

миска

kuai zi

палочки для еды

chang bing shao

половник

chan zi

лопатка

jiao ban qi

сбивалка

lü wang

сито

shai zi

сито

mo sui ji

тёрка

yan bo

ступка

shao kao

гриль

ming huo

костёр

cai ban

доска

gan mian zhang

скалка

kai ping qi

штопор

guan zi

жестяная банка

kai ping qi

консервный нож

ge re shou tao

прихватка

shui cao

раковина

shua zi

щетка

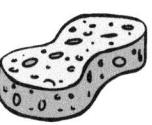

hai mian

губка

jiao ban ji

миксер

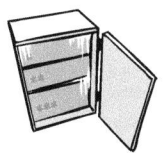

leng cang xiang

морозильная камера

nai ping

бутылочка для кормления

shui long tou

кран

yu shi

ванная комната

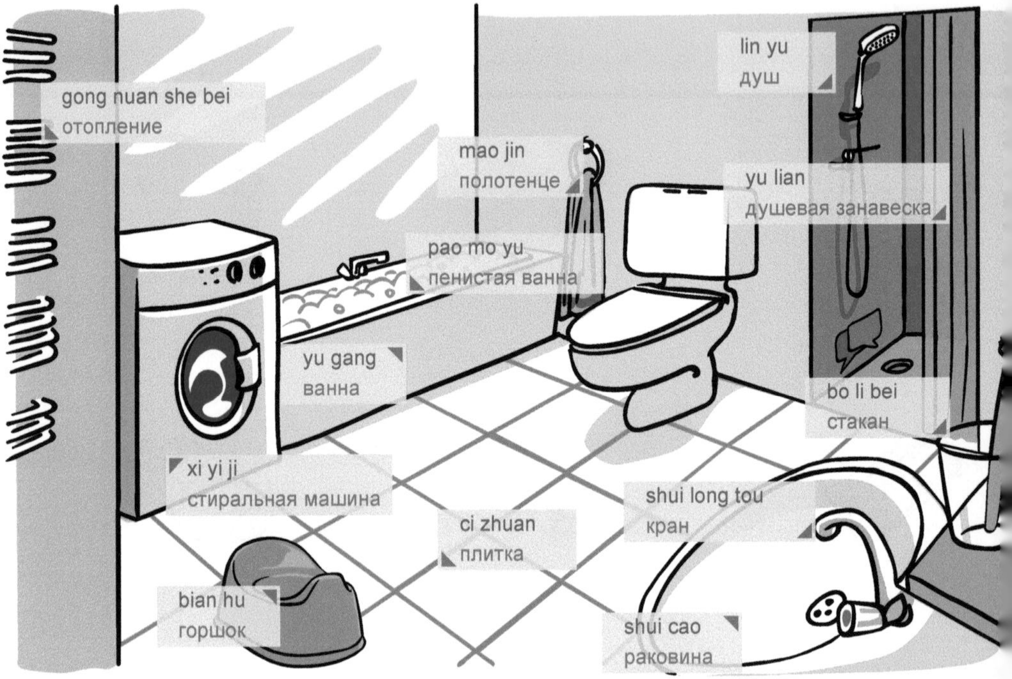
lin yu
душ
gong nuan she bei
отопление
mao jin
полотенце
yu lian
душевая занавеска
pao mo yu
пенистая ванна
yu gang
ванна
bo li bei
стакан
xi yi ji
стиральная машина
shui long tou
кран
ci zhuan
плитка
bian hu
горшок
shui cao
раковина

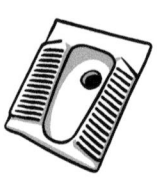

ce suo

туалет

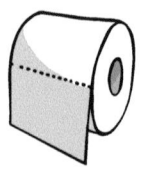

dun bian qi

напольный унитаз

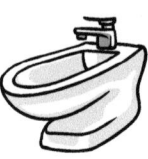

zuo yu qi

биде

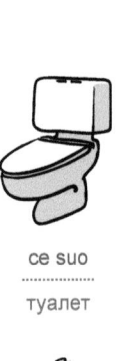

xiao bian chi

писсуар

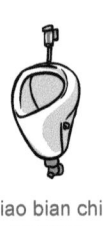

ce zhi

туалетная бумага

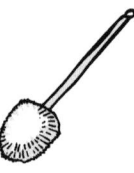

ma tong shua

ершик

ya shua

зубная щётка

ya gao

зубная паста

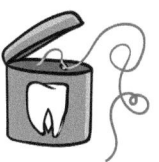

ya xian

зубная нить

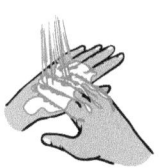

xi

мыть

shou chi shi pen lin tou

ручной душ

chong xi qi

интимный душ

xi lian pen

таз

ca bei shua

щётка для спины

fei zao

мыло

mu yu lu

гель для душа

xi fa shui

шампунь

fa lan rong

мочалка

pai shui

сток

ru shuang

крем

chu chou ji

дезодорант

jing zi

зеркало

shou jing

ручное зеркало

ti xu dao

бритва

ti xu pao mo

пена для бритья

xu hou shui

лосьон после бритья

shu zi

расческа

shua zi

щетка

chui feng ji

фен

pen fa ding xing ji

лак для волос

hua zhuang pin

косметика

chun gao

губная помада

zhi jia you

лак для ногтей

hua zhuang mian

вата

zhi jia jian

маникюрные ножницы

xiang shui

духи

xi shu bao

косметичка

deng zi

табуретка

ji zhong cheng

весы

yu pao

халат

xiang jiao shou tao

резиновые перчатки

wei sheng mian tiao

тампон

wei sheng jin

гиеническая прокладка

hua xue ce suo

биотуалет

er tong fang

детская комната

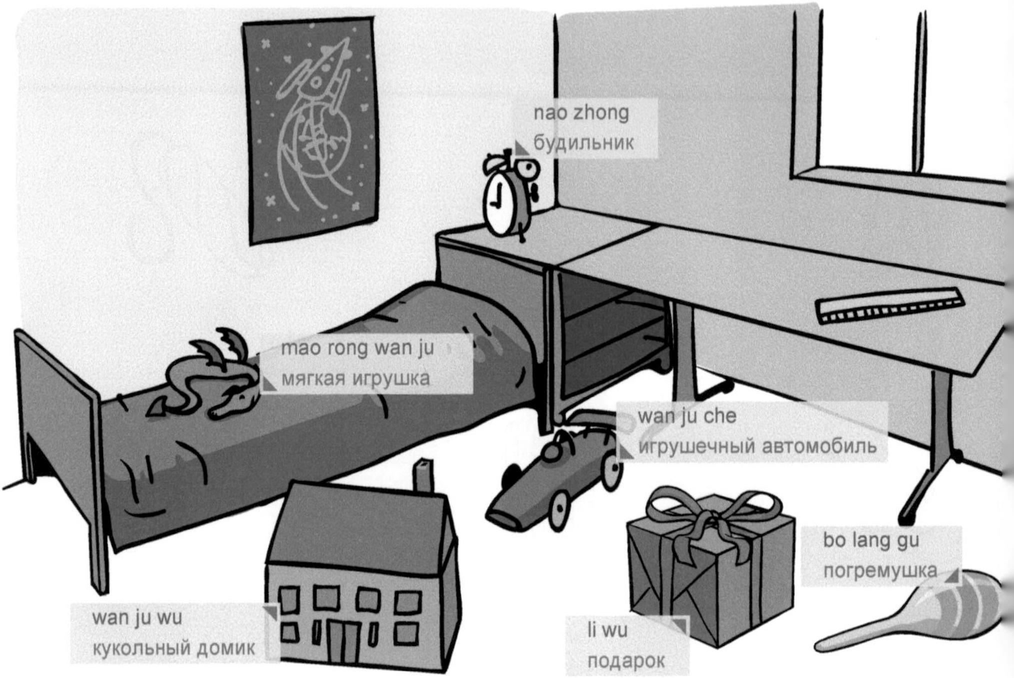
nao zhong
будильник
mao rong wan ju
мягкая игрушка
wan ju che
игрушечный автомобиль
bo lang gu
погремушка
wan ju wu
кукольный домик
li wu
подарок

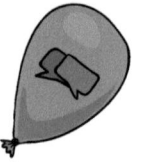

qi qiu

воздушный шар

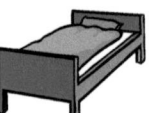

chuang

кровать

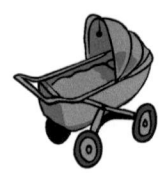

(yang wa wa yong)ying er che

детская коляска

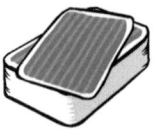

pu ke pai

карточная игра

pin tu

пазл

SUPER
MEGA

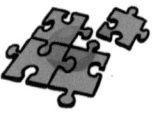

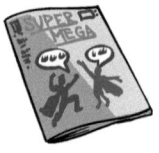

man hua

комикс

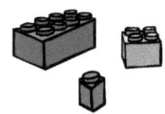

le gao ji mu

кирпичики Лего

ji mu wan ju

кубики

wan ju ren

игрушечная фигурка

ying er fu

ползунки

fei pan

фрисби

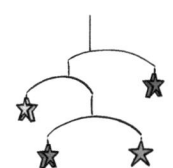

chuang ling wan ju

мобиле

qi pan you xi

настольная игра

shai zi

кубик

huo che mo xing

модель железной дороги

an fu nai zui

соска

ju hui

вечеринка

hui ben

книга с картинками

qiu

мяч

yang wa wa

кукла

wan

играть

sha keng

песочница

qiu qian

качели

wan ju

игрушка

you xi ji

игровая приставка

san lun che

трёхколесный велосипед

tai di xiong

плюшевый медвежонок

yi chu

шкаф для одежды

yi fu

одежда

wa zi

носки

chang wa

чулки

jin shen ku

колготки

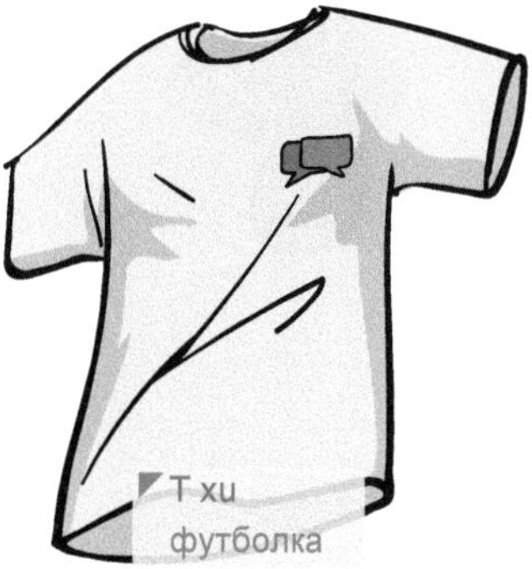

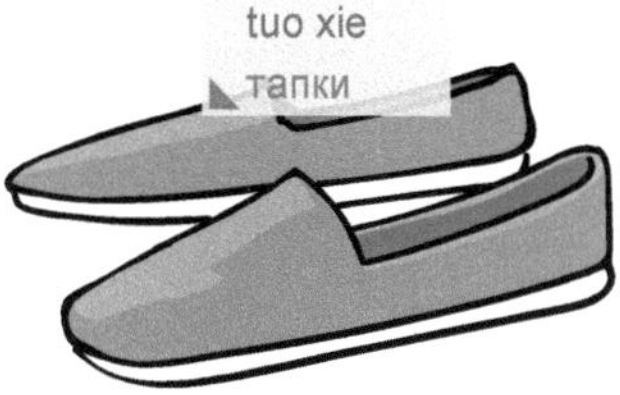

wei jin
шарф

pi dai
ремень

yu san
зонтик

T xu
футболка

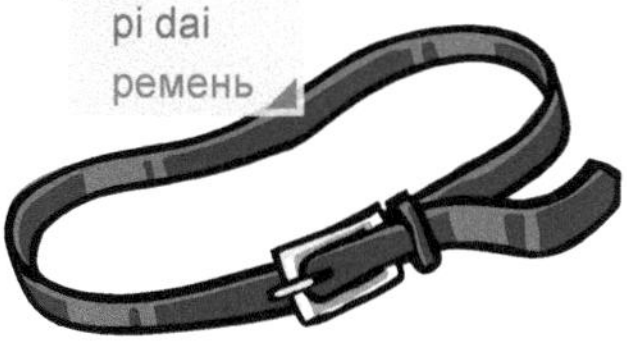

yun dong xie
кроссовки

xue zi
сапоги

tuo xie
тапки

liang xie

сандалии

xie

ботинки

yu xue

резиновые сапоги

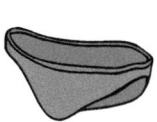

nei ku

трусы

xiong zhao

бюстгальтер

bei xin

майка

shen ti

боди

ku zi

брюки

niu zai ku

джинсы

duan qun

юбка

nü shi chen shan

блузка

chen shan

рубашка

tao tou shan

свитер

wei yi

свитер

xi zhuang jia ke

спортивная куртка

jia ke

жакет

wai tao

пальто

yu yi

плащ

tao zhuang

костюм

lian yi qun

платье

hun sha

свадебное платье

xi zhuang

мужской костюм

shui pao

ночная сорочка

shui yi

пижама

sha li

сари

tou jin

платок

bao tou jin

тюрбан

bo ka

паранджа

ka fu tan

кафтан

(a la bo shi)chang pao

абайя

yong yi

купальник

nan shi yong ku

плавки

duan ku

шорты

yun dong fu

спортивный костюм

wei qun

фартук

shou tao

перчатки

niu kou

пуговица

yan jing

очки

shou lian

браслет

xiang lian

цепочка

jie zhi

кольцо

er huan

серьга

bian mao

шапка

yi jia

вешалка

mao zi

шляпа

ling dai

галстук

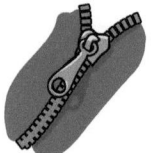

la lian

застежка молния

tou kui

шлем

bei dai

подтяжки

xiao fu

школьная форма

zhi fu

форма

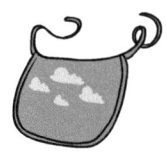

wei dou

детский нагрудник

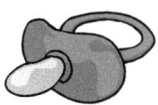

an fu nai zui

соска

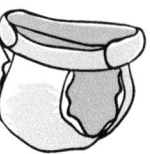

niao bu shi

подгузник

ban gong shi

офис

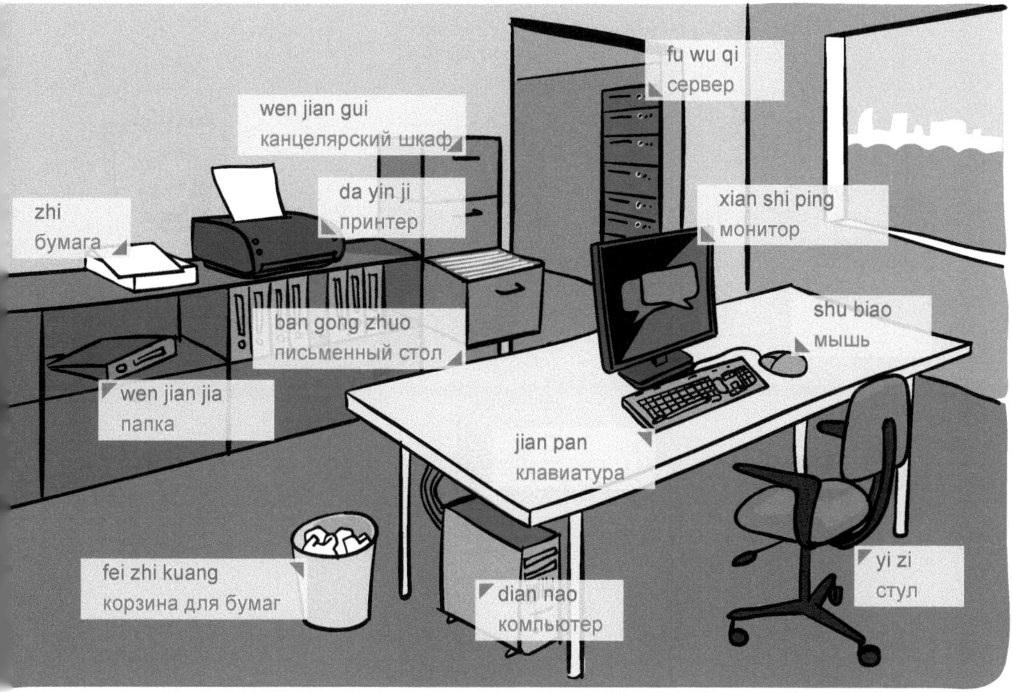

fu wu qi
сервер
wen jian gui
канцелярский шкаф
da yin ji
принтер
zhi
бумага
xian shi ping
монитор
shu biao
мышь
ban gong zhuo
письменный стол
wen jian jia
папка
jian pan
клавиатура
fei zhi kuang
корзина для бумаг
dian nao
компьютер
yi zi
стул

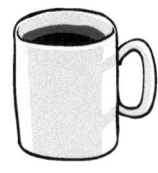

ka fei bei

кофейная кружка

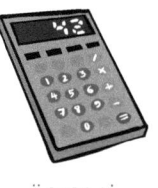

ji suan qi

калькулятор

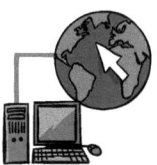

yin te wang

интернет

bi ji ben dian nao

ноутбук

xin jian

письмо

xiao xi

сообщение

shou ji

мобильный телефон

wang luo

сеть

fu yin ji

ксерокс

ruan jian

программа

dian hua

телефон

cha zuo

розетка

chuan zhen ji

факс

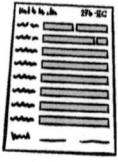

biao ge

формуляр

wen jian

документ

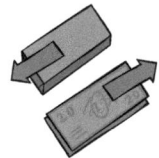

mai

покупать

fu qian

платить

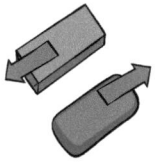

jiao yi

торговать

xian jin

деньги

mei yuan

доллар

ou yuan

евро

ri yuan

иена

lu bu

рубль

rui shi fa lang

франк

ren min bi

жэньминьби юань

lu bi

рупия

ti kuan chu

банкомат

wai bi dui huan chu

пункт обмена валюты

jin

золото

yin

серебро

shi you

нефть

neng yuan

энергия

jia ge

цена

he tong

договор

shui jin

налог

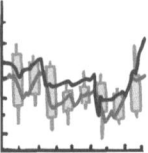

gu piao

акция

gong zuo

работать

zhi yuan

служащий

lao ban

работодатель

gong chang

фабрика

shang dian

магазин

zhi ye
профессии

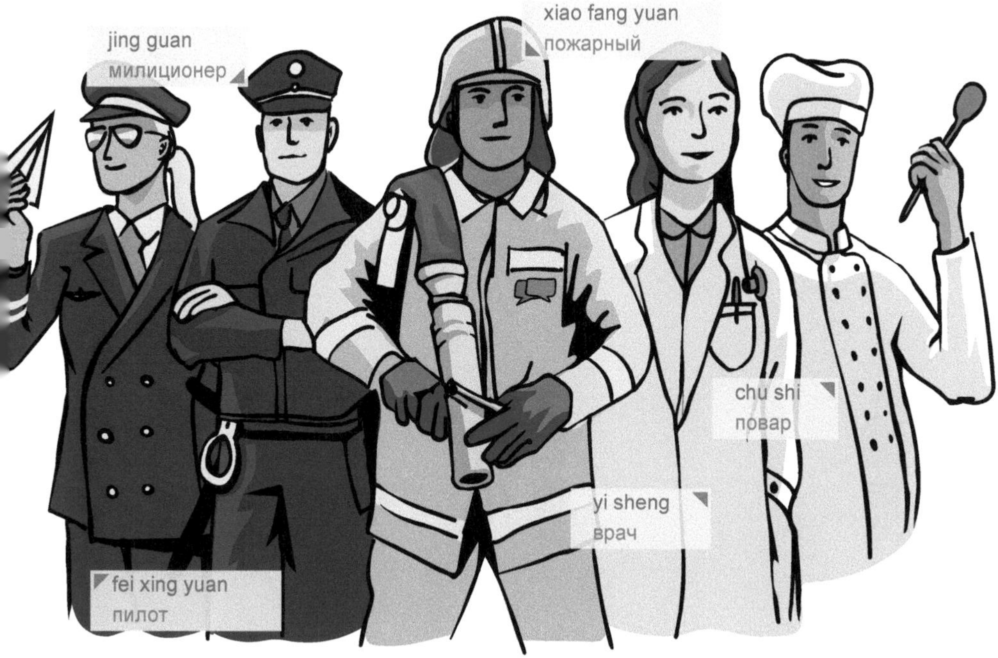
jing guan
милиционер
xiao fang yuan
пожарный
chu shi
повар
yi sheng
врач
fei xing yuan
пилот

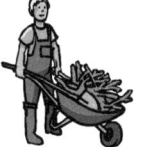

yuan ding

садовник

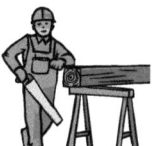

mu jiang

столяр

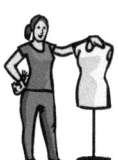

cai feng

швея

fa guan

судья

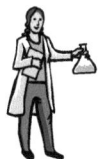

hua xue jia

химик

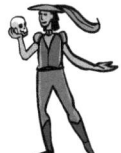

yan yuan

актёр

gong jiao che si ji

водитель автобуса

chu zu che si ji

таксист

yu fu

рыбак

qing jie nü gong

уборщица

wu ding gong

кровельщик

fu wu yuan

официант

lie ren

охотник

hua jia

художник

mian bao shi

пекарь

dian gong

электрик

jian zhu gong ren

строитель

gong cheng shi

инженер

tu fu

мясник

shui guan gong

сантехник

you di yuan

почтальон

shi bing

солдат

jian zhu shi

архитектор

shou yin yuan

кассир

hua nong

флорист

li fa shi

парикмахер

shou piao yuan

кондуктор

ji xie shi

механик

chuan zhang

капитан

ya yi

зубной врач

ke xue jia

ученый

la bi

раввин

yi ma mu

имам

he shang

монах

mu shi

священник

gong ju
инструменты

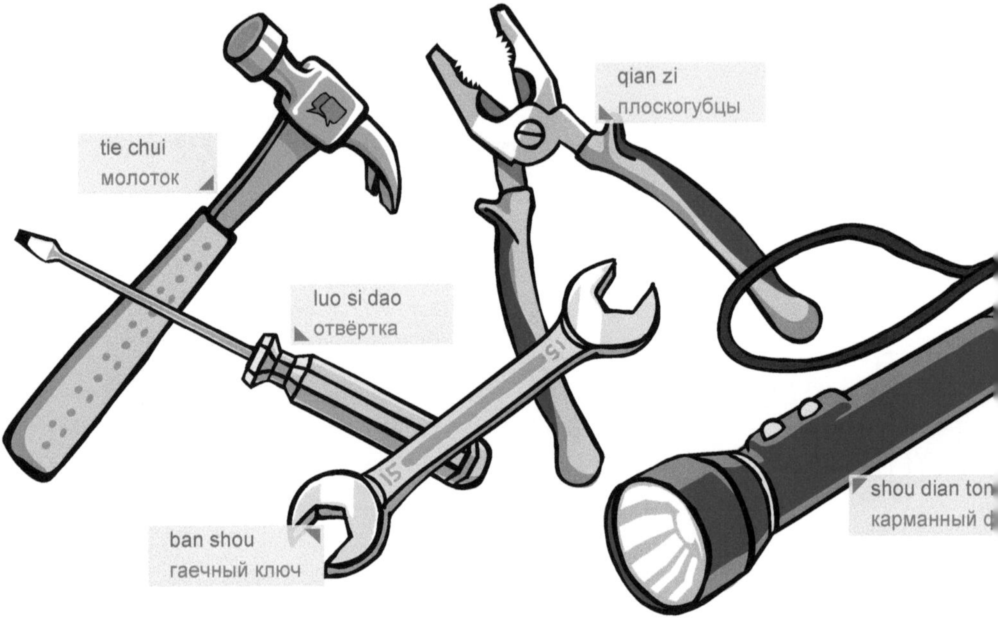
tie chui
молоток
qian zi
плоскогубцы
luo si dao
отвёртка
ban shou
гаечный ключ
shou dian ton
карманный

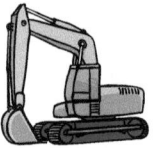

wa jue ji

экскаватор

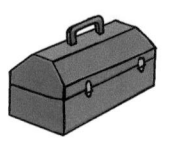

gong ju xiang

ящик для инструментов

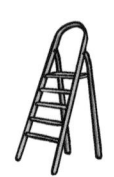

ti zi

стремянка

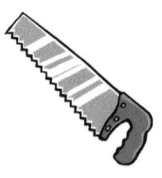

ju zi

пила

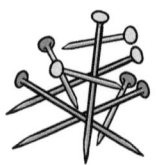

ding zi

гвозди

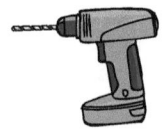

zuan ji

дрель

xiu
....
ремонтировать

chan zi
....
лопата

kao!
....
Блин!

bo ji
....
совок

you qi tong
....
ведро с краской

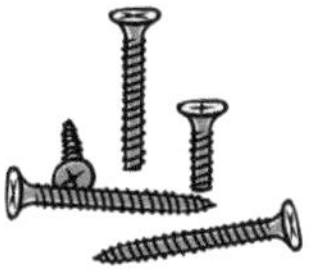

luo si
....
винты

yue qi

музыкальные инструменты

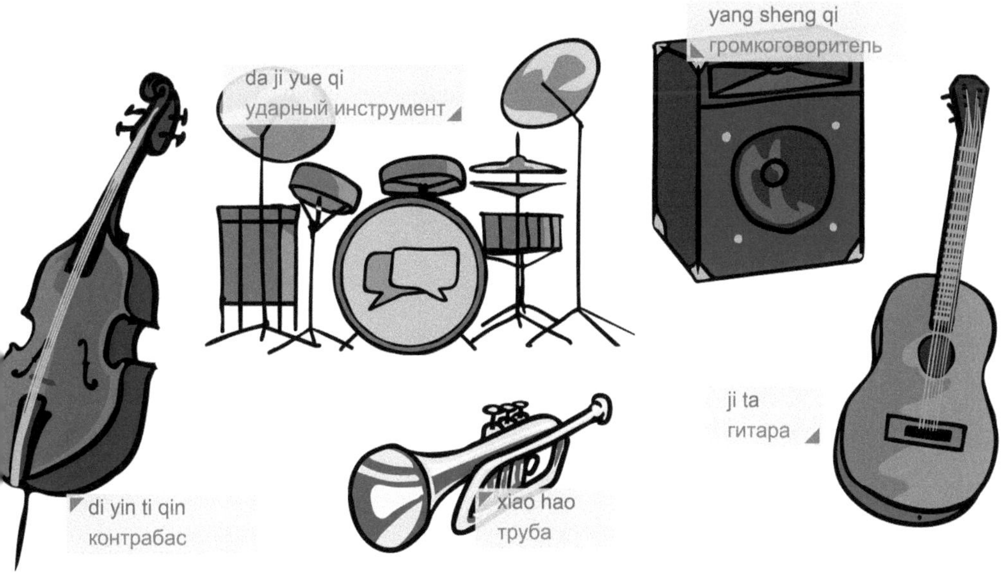

yang sheng qi
громкоговоритель

da ji yue qi
ударный инструмент

ji ta
гитара

di yin ti qin
контрабас

xiao hao
труба

gang qin

пианино

xiao ti qin

скрипка

bei si

бас-гитара

ding yin gu

литавры

gu

барабан

dian zi qin

синтезатор

sa ke si guan

саксофон

chang di

флейта

mai ke feng

микрофон

dong wu yuan
зоопарк

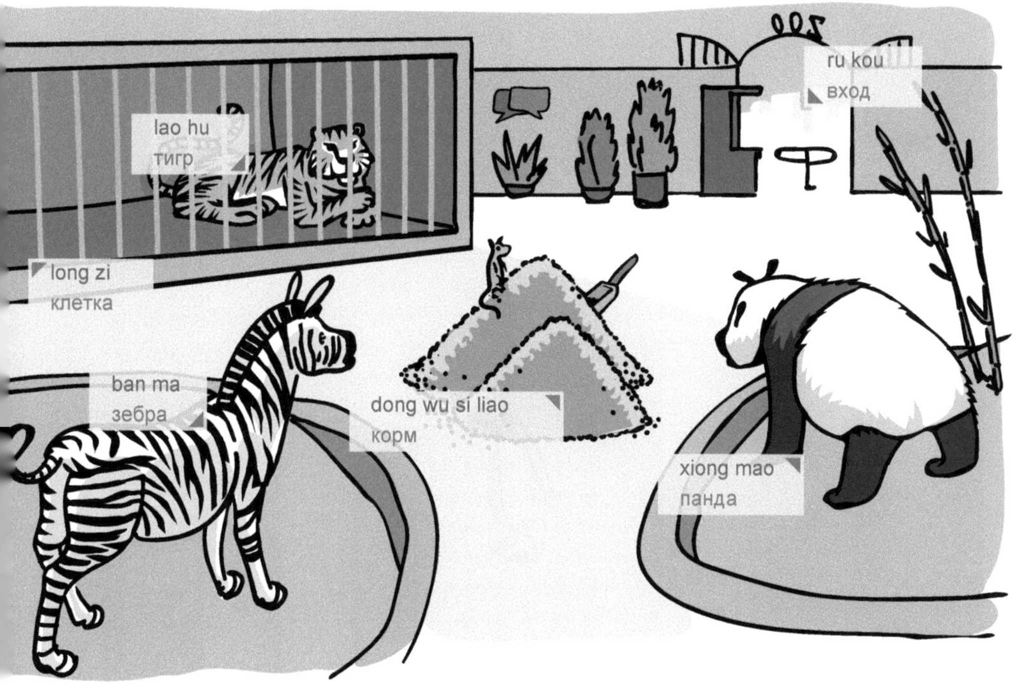
ru kou
вход
lao hu
тигр
long zi
клетка
ban ma
зебра
dong wu si liao
корм
xiong mao
панда

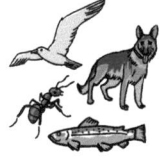

dong wu

животные

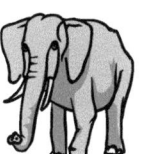

da xiang

слон

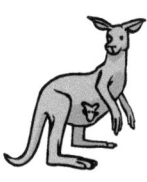

dai shu

кенгуру

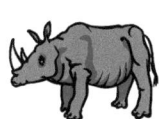

xi niu

носорог

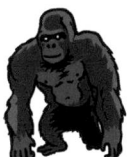

da xing xing

горилла

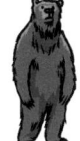

xiong

медведь

luo tuo

верблюд

tuo niao

страус

shi zi

лев

hou zi

обезьяна

huo lie niao

фламинго

ying wu

попугай

bei ji xiong

белый медведь

qi e

пингвин

sha yu

акула

kong que

павлин

she

змея

e yu

крокодил

dong wu yuan guan li yuan

служитель зоопарка

hai bao

тюлень

mei zhou bao

ягуар

ai zhong ma

пони

bao

леопард

he ma

бегемот

chang jing lu

жираф

lao ying

орёл

ye zhu

кабан

yu

рыба

gui

черепаха

hai xiang

морж

hu li

лиса

ling yang

газель

gan lan qiu
американский футбол

qi zi xing che
езда на велосипеде

wang qiu
теннис

lan qiu
баскетбол

you yong
плавание

quan ji
бокс

bing qiu
хоккей

ying shi zu qiu

футбол

yu mao qiu

бадминтон

tian jing

лёгкая атлетика

shou qiu

гандбол

hua xue

лыжный спорт

ma qiu

поло

huo dong
действия

tiao
прыгать
yong bao
обнимать
xiao
смеяться
zou lu
идти
chang
петь
zuo meng
мечтать
qi dao
молиться
qin wen
целовать

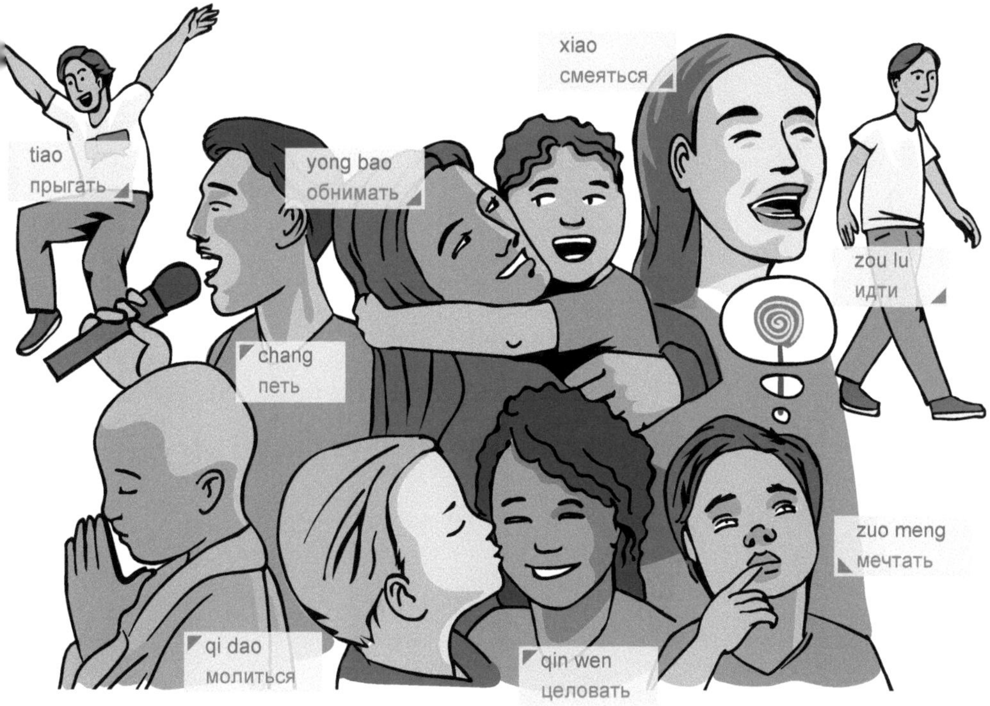

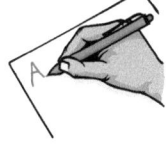

shu xie
....
писать

hua
....
рисовать

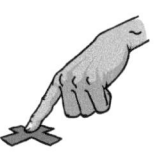

zhan shi
....
показывать

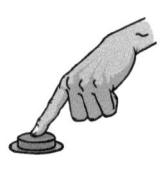

tui
....
нажимать

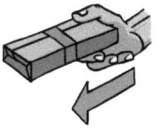

gei
....
давать

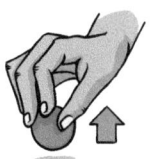

na
....
брать

you

иметь

zuo

делать

dang

быть

zhan

стоять

pao

бежать

la

тянуть

reng

бросать

shuai dao

падать

tang

лежать

deng dai

ждать

xie dai

носить

zuo

сидеть

chuan yi

надевать

shui jiao

спать

xing lai

просыпаться

kan

рассматривать

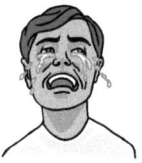

ku

плакать

fu mo

гладить

shu tou

причесывать

jiao tan

говорить

ming bai

понимать

wen

спрашивать

ting

слушать

he

пить

chi

кушать

qing li

наводить порядок

ai

любить

zuo fan

готовить

kai che

ехать

fei

летать

hang xing

ходить под парусом

ji suan

считать

du

читать

xue xi

учиться

gong zuo

работать

jie hun

вступать в брак

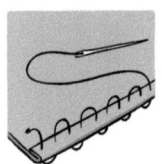

feng

шить

shua ya

чистить зубы

sha

убивать

chou yan

курить

ji

отправлять

jia

семья

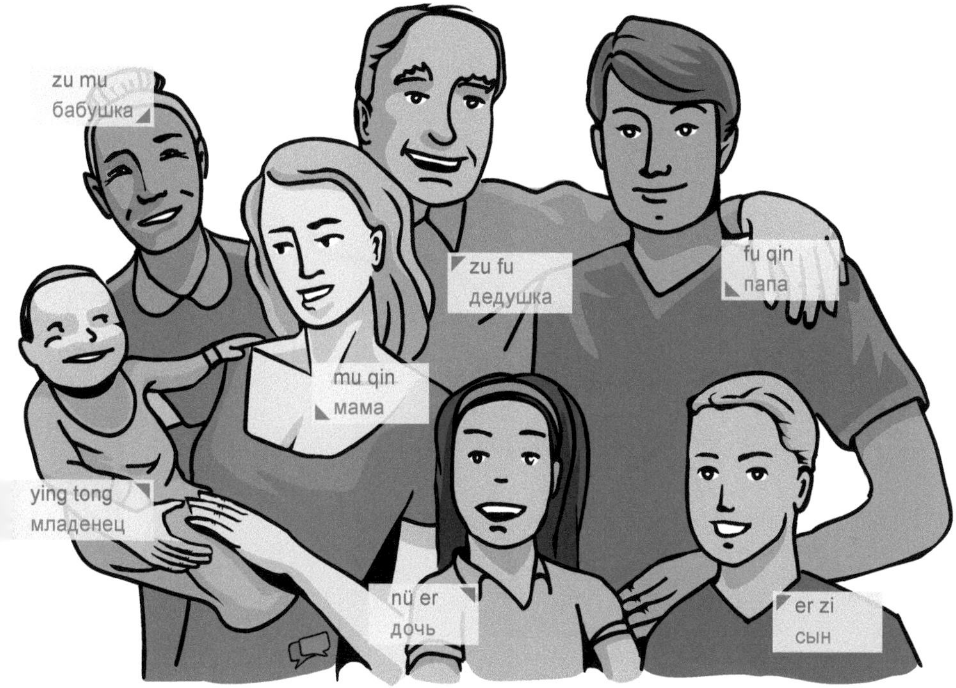
zu mu
бабушка
zu fu
дедушка
fu qin
папа
mu qin
мама
ying tong
младенец
nü er
дочь
er zi
сын

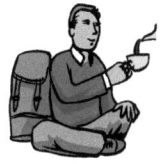

ke ren

гость

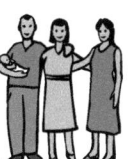

a yi

тетя

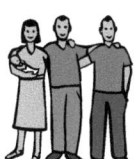

shu shu

дядя

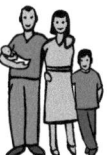

xiong di

брат

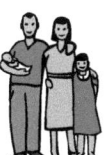

jie mei

сестра

shen ti

тело

qian e
лоб
yan jing
глаз
jian bang
плечо
shou zhi
палец
lian
лицо
xia ba
подбородок
shou
кисть
tui
нога
ru fang
грудь
shou bi
рука

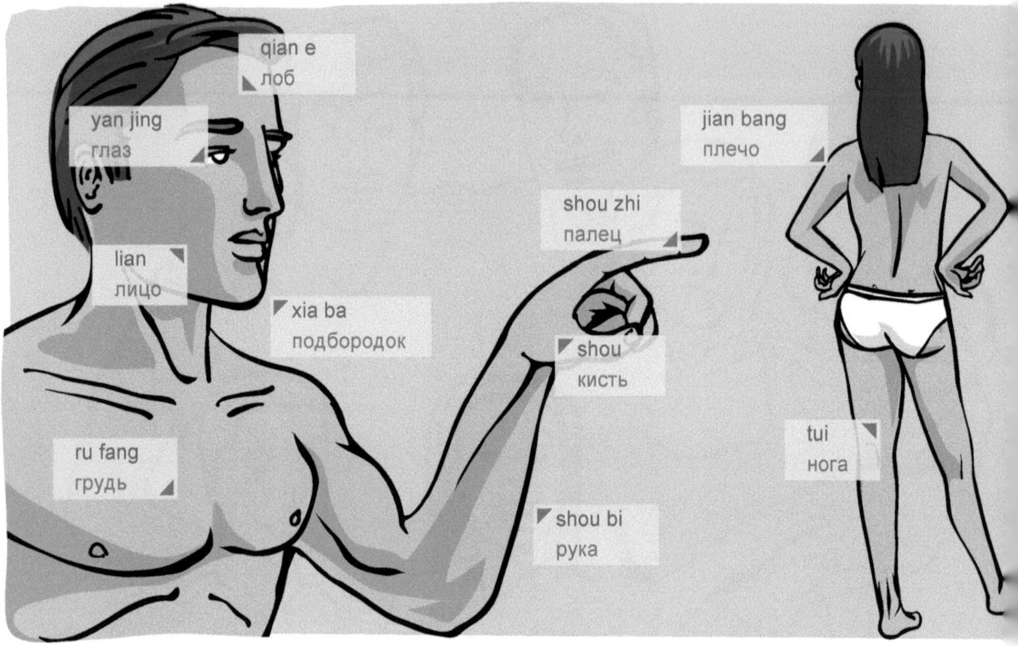

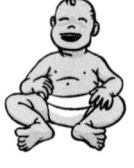

ying tong

младенец

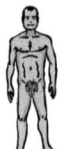

nan ren

мужчина

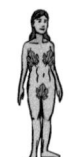

nü ren

женщина

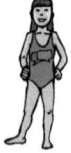

nü hai

девочка

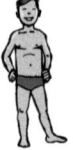

nan hai

мальчик

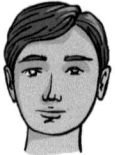

tou

голова

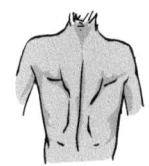

bei bu

спина

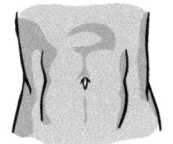

du zi

живот

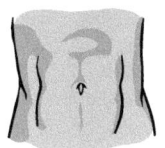

du qi

пупок

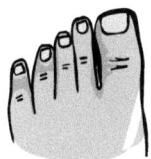

jiao zhi

палец ноги

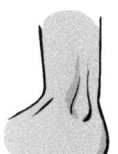

jiao hou gen

пятка

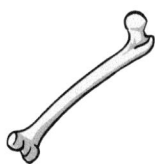

gu tou

кость

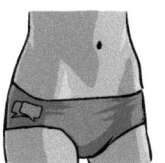

tun bu

бедро

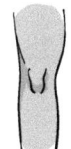

xi gai

колено

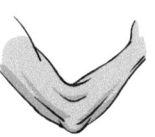

shou zhou

локоть

bi zi

нос

pi gu

ягодицы

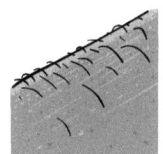

pi fu

кожа

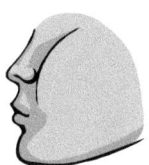

lian jia

щека

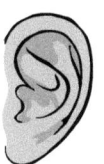

er duo

ухо

zui chun

губа

zui

рот

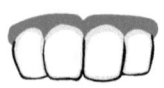

ya chi

зуб

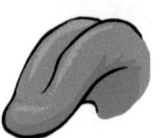

she tou

язык

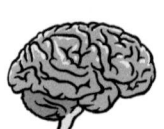

nao

мозг

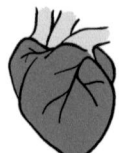

xin zang

сердце

ji rou

мышца

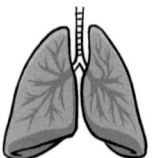

fei

лёгкое

gan zang

печень

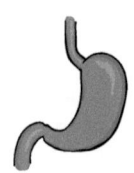

wei

желудок

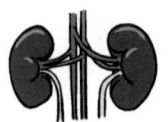

shen zang

почки

xing jiao

половой акт

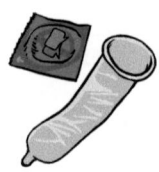

bi yun tao

презерватив

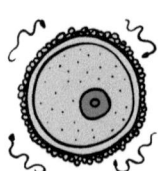

luan zi

яйцеклетка

jing zi

сперма

huai yun

беременность

shen ti - тело

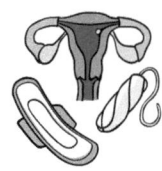

yue jing

менструация

yin dao

вагина

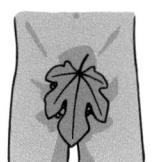

yin jing

пенис

mei mao

бровь

tou fa

волосы

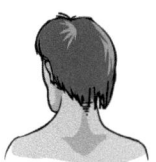

bo zi

шея

yi yuan
больница

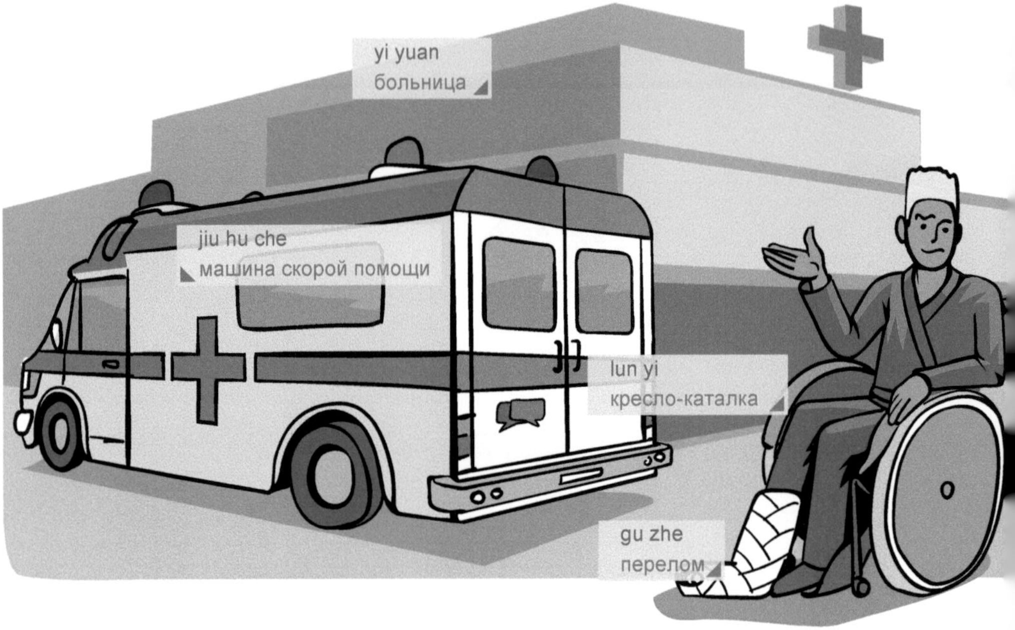

yi yuan
больница
jiu hu che
машина скорой помощи
lun yi
кресло-каталка
gu zhe
перелом

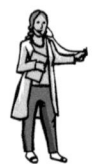

yi sheng

врач

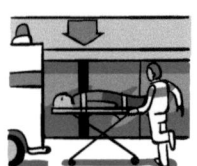

ji zhen shi

пункт первой помощи

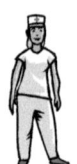

hu shi

медсестра

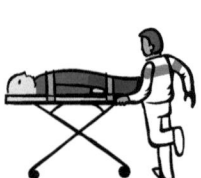

jin ji qing kuang

неотложный случай

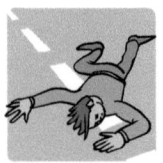

hun mi

без сознания

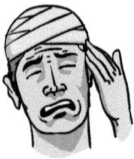

tong

боль

shou shang

повреждение

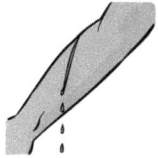

chu xue

кровотечение

xin zang bing fa zuo

инфаркт

zhong feng

инсульт

guo min

аллергия

ke sou

кашель

fa shao

ышенная температура

liu gan

грипп

fu xie

понос

tou tong

головная боль

ai zheng

рак

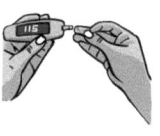

tang niao bing

диабет

wai ke yi sheng

хирург

shou shu dao

скальпель

shou shu

операция

yi yuan - больница

CT

КТ

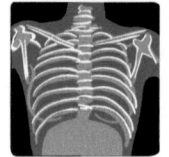

X guang

рентген

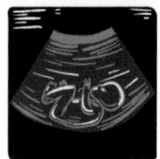

chao sheng bo

ультразвук

kou zhao

маска

ji bing

болезнь

hou zhen shi

приёмная

guai zhang

костыль

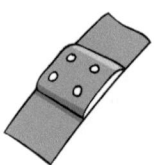

shi gao

пластырь

beng dai

бинт

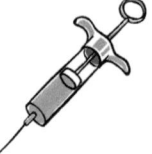

zhu she

укол

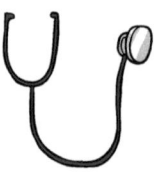

ting zhen qi

стетоскоп

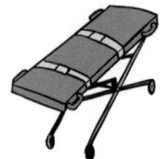

dan jia

носилки

ti wen ji

термометр

chu sheng

рождение

chao zhong

избыточный вес

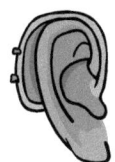

zhu ting qi

слуховой аппарат

xiao du ye

дезинфекционное средство

gan ran

инфекция

bing du

вирус

ai zi bing

ВИЧ / СПИД

yao wu

лекарство

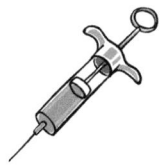

jie zhong yi miao

прививка

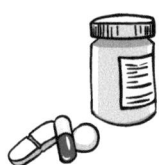

yao pian

таблетки

yao wan

противозачаточная таблетка

ji jiu dian hua

экстренный вызов

xue ya ji

прибор для измерения кровяного давления

sheng bing/jian kang

больной / здоровый

jiu ming!

Помогите!

tu ji

нападение

gong ji

атака

wei xian

опасность

jin ji chu kou

запасной выход

zhao huo la!

Пожар!

mie huo qi

огнетушитель

yi wai

несчастный случай

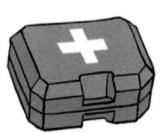

ji jiu xiang

аптечка

hu jiu xin hao

SOS

jing cha

милиция

ou zhou

Европа

bei mei zhou

Северная Америка

nan mei zhou

Южная Америка

fei zhou

Африка

ya zhou

Азия

ao zhou

Австралия

da xi yang

Атлантический океан

tai ping yang

Тихий океан

yin du yang

Индийский океан

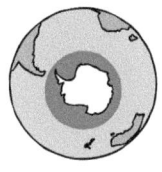

nan bing yang

нтарктический океан

bei bing yang

Северный Ледовитый океан

bei ji

Северный полюс

nan ji

Южный полюс

nan ji zhou

Антарктика

di qiu

земля

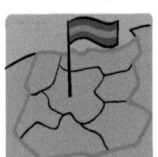

lu di

суша

hai

море

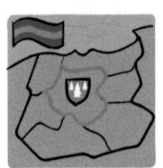

dao

остров

guo jia

нация

guo jia

государство

zhong mian

циферблат

shi zhen

часовая стрелка

fen zhen

минутная стрелка

miao zhen

секундная стрелка

xian zai ji dian?

Который час?

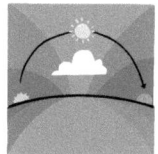

tian

день

shi jian

время

xian zai

сейчас

dian zi biao

электронные часы

fen

минута

shi

час

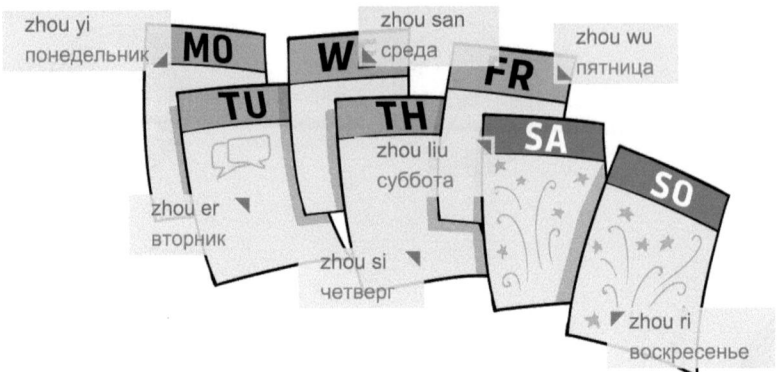

zhou yi — понедельник

zhou san — среда

zhou wu — пятница

zhou er — вторник

zhou liu — суббота

zhou si — четверг

zhou ri — воскресенье

zuo tian

вчера

jin tian

сегодня

ming tian

завтра

zao chen

утро

zhong wu

полдень

wan shang

вечер

MO	TU	WE	TH	FR	SA	SU
1	2	3	4	5	6	7
8	9	10	11	12	13	14
15	16	17	18	19	20	21
22	23	24	25	26	27	28
29	30	31	1	2	3	4

gong zuo ri

рабочие дни

MO	TU	WE	TH	FR	SA	SU
1	2	3	4	5	6	7
8	9	10	11	12	13	14
15	16	17	18	19	20	21
22	23	24	25	26	27	28
29	30	31	1	2	3	4

zhou mo

выходные

nian
год

yu
дождь
cai hong
радуга
feng
ветер
xue
снег
chun
весна
qiu
осень
xia
лето
dong
зима

4.APRIL 11°
5.APRIL 4°
6.APRIL 13°
7.APRIL 8°
8.APRIL 10°

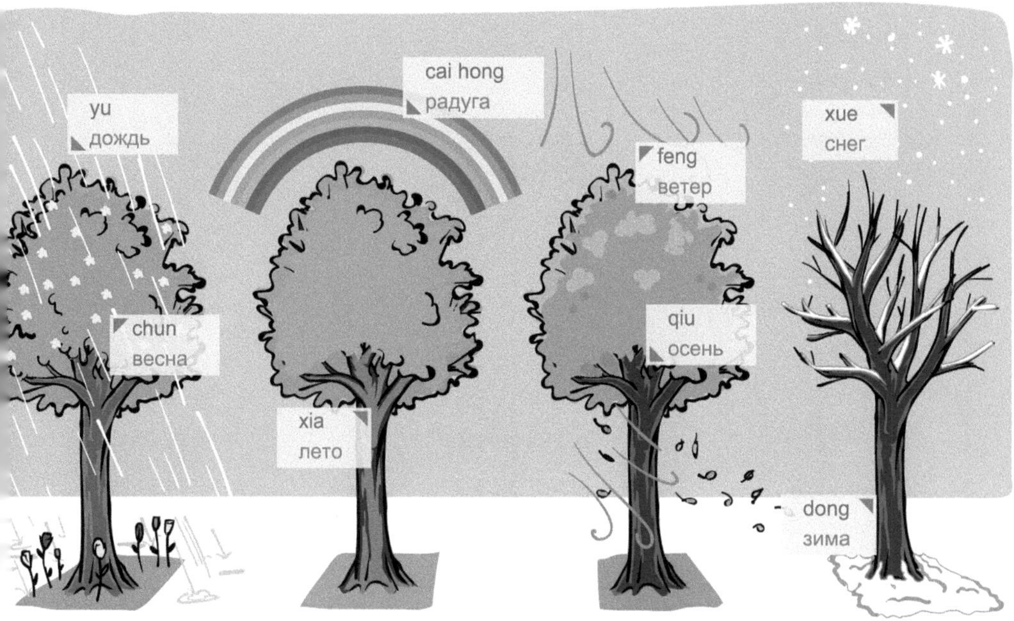

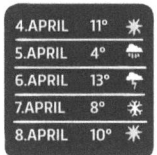

tian qi yu bao

прогноз погоды

F
C
120
90
60
30
0
-30
40
30
20
10
0
-10
-20

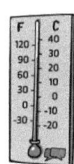

wen du ji

термометр

yang guang

солнечный свет

yun

туча

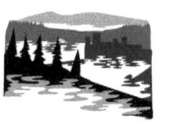

wu

туман

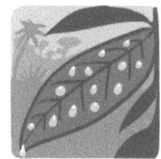

chao shi

влажность воздуха

shan dian

молния

da lei

гром

feng bao

буря

bing bao

град

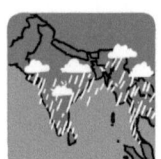

ji feng

муссон

hong shui

наводнение

bing

лёд

yi yue

январь

er yue

февраль

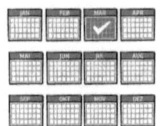

san yue

март

si yue

апрель

wu yue

май

liu yue

июнь

qi yue

июль

ba yue

август

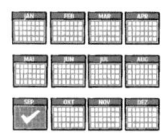

jiu yue

сентябрь

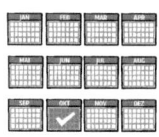

shi yue

октябрь

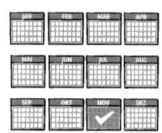

shi yi yue

ноябрь

shi er yue

декабрь

yuan xing

круг

zheng fang xing

квадрат

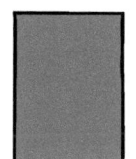

chang fang xing

прямоугольник

san jiao xing

треугольник

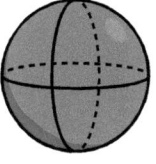

qiu ti

шар

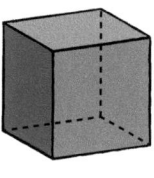

li fang ti

куб

bai

белый

huang

желтый

cheng

оранжевый

fen

розовый

hong

красный

zi

лиловый

lan

синий

lü

зелёный

zong

коричневый

hui

серый

hei

черный

hen duo/shao xu

много / мало

sheng qi/ping jing

яростный / мирный

mei/chou

красивый / уродливый

shou/wei

начало / конец

da/xiao

большой / маленький

ming/an

светлый / темный

xiong di/jie mei

брат / сестра

gan jing/ang zang

чистый / грязный

wan zheng/que shi

полный / неполный

bai tian/wan shang

день / ночь

si/sheng

мёртвый / живой

kuan/zhai

широкий / узкий

ke shi yong/fei shi yong

съедобный / несъедобный

xie e/shan liang

злой / дружелюбный

xing fen/wu liao

взволнованный / скучающий

pang/shou

толстый / худой

di yi/zui hou

сначала / в конце

peng you/di ren

друг / враг

man/kong

полный / пустой

ying/ruan

твёрдый / мягкий

zhong/qing

тяжёлый / легкий

e/ke

голод / жажда

sheng bing/jian kang

больной / здоровый

fei fa/he fa

незаконный / законный

cong ming/yu ben

умный / глупый

zuo/you

слева / справа

jin/yuan

близко / далеко

xin/jiu

новый / подержанный

mei you/you xie

ничто / нечто

lao/you

старый / молодой

kai/guan

включено / выключено

da kai/he shang

открыто / закрыто

an jing/chao nao

тихо / громко

fu/qiong

богатый / бедный

dui/cuo

правильный /
неправильный

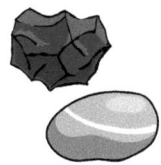

cu cao/guang hua

шероховатый / гладкий

shang xin/gao xing

печальный / счастливый

duan/chang

короткий / длинный

man/kuai

медленный / быстрый

shi/gan

мокрый / сухой

wen nuan/liang shuang

тёплый / прохладный

zhan zheng/he ping

война / мир

0

ling

ноль

1

yi

один

2

er

два

3

san

три

4

si

четыре

5

wu

пять

6

liu

шесть

7

qi

семь

8

ba

восемь

9

jiu

девять

10

shi

десять

11

shi yi

одиннадцать

12
shi er

двенадцать

13
shi san

тринадцать

14
shi si

четырнадцать

15
shi wu

пятнадцать

16
shi liu

шестнадцать

17
shi qi

семнадцать

18
shi ba

восемнадцать

19
shi jiu

девятнадцать

20
er shi

двадцать

100
bai

сто

1.000
qian

тысяча

1.000.000
bai wan

миллион

ying yu

английский

mei shi ying yu

американский английский

pu tong hua

мандаринский китайский

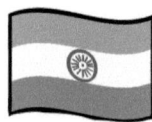

yin di yu

хинди

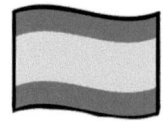

xi ban ya yu

испанский

fa yu

французский

a la bo yu

арабский

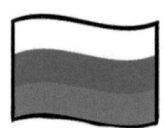

e yu

русский

pu tao ya yu

португальский

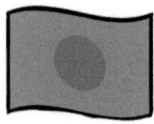

feng jia la yu

бенгальский

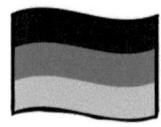

de yu

немецкий

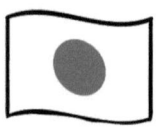

ri yu

японский

wo

я

ni

ты

ta/ta/ta

он / она / оно

wo men

мы

ni men

вы

ta men

они

shei?

кто?

shen me?

что?

zen yang?

как?

na li?

где?

shen me shi hou?

когда?

ming zi

имя

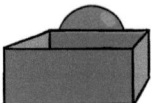

hou mian

за

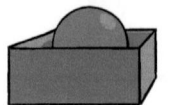

li mian

в

qian mian

перед

shang fang

над

shang mian

на

xia mian

под

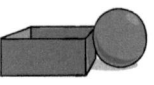

pang bian

рядом

zhong jian

между

di dian

место